AF687642

Mobilbiztonság és alkalmazásvédelem

Hogyan tartsd biztonságban okostelefonodat, alkalmazásaidat és üzeneteidet a digitális behatolóktól

Joe Correa tollából

Kiadja a Live Stronger Faster

Szerzői jog © 2026 Joe Correa

Minden jog fenntartva.

A kiadvány egyetlen része sem sokszorosítható, terjeszthető vagy továbbítható semmilyen formában vagy módon – legyen az elektronikus, mechanikus, fénymásolás, hangfelvétel vagy egyéb – a kiadó előzetes írásbeli engedélye nélkül, kivéve a rövid idézeteket kritikai ismertetésekben, valamint a szerzői jogi törvény által engedélyezett egyéb nem kereskedelmi felhasználás esetén.

Ez a könyv kizárólag oktatási és tájékoztató célokat szolgál. A szerző és a kiadó nem nyújt jogi, pénzügyi vagy egyéb szakmai tanácsadást. Az olvasóknak ajánlott szakképzett szakemberrel konzultálniuk, mielőtt bármilyen pénzügyi döntést hoznának.

Első kiadás

Tartalomjegyzék

Bevezetés

A digitális korban az okostelefonod már nem csupán egy telefon. Ez a fényképezőgéped, a pénztárcád, az üzenetküldő központod, az útikalauzod, az egészségfigyelőd, és szinte minden személyes és szakmai életedhez kapcsolódó információhoz hozzáférést biztosít. Ez teszi az egyik legvonzóbb célponttá a kiberbűnözők, adatgyűjtők és tolakodó alkalmazások számára. Miközben az emberek többsége bezárja a bejárati ajtót, amikor elhagyja az otthonát, ritkán alkalmazza ugyanezt a biztonsági tudatosságot a leggyakrabban használt eszközére.

Ez a könyv teljes körű útmutatót nyújt a mobil életed védelméhez. Legyen szó iPhone-ról, Androidról vagy táblagépről, ez a könyv egy világos, könnyen követhető rendszert ad ahhoz, hogy megvédd az eszközödet, az alkalmazásaidat és az adataidat – anélkül, hogy technikai szakértő lennél. Végigvezetünk az alapvető beállításokon, funkciókon és eszközökön, amelyek jelentősen csökkenthetik a sebezhetőségedet, az adattitkosítástól és alkalmazásengedélyektől kezdve a biztonságos üzenetküldésen át a mobil VPN-ekig.

Fény derül azokra a legnagyobb fenyegetésekre is, amelyekről a legtöbb ember nem is tud – például a hamis alkalmazásokra, az engedélyek túlzott kiterjesztésére, a Bluetooth-alapú támadásokra, a helymeghatározás követésére, valamint az ingyenes Wi-Fi rejtett kockázataira. Minden fejezet valós életből vett példákkal, szakértői tanácsokkal és naprakész biztonsági eszközökkel van tele, amelyeket azonnal elkezdhetsz használni.

A könyv végére megérted, hogyan történnek a mobilos támadások, hogyan ismerheted fel a figyelmeztető jeleket, és ami a legfontosabb – hogyan előzheted meg őket. Megtanulod, hogyan védd meg az üzeneteidet, az érzékeny dokumentumaidat, hogyan kerüld el a gyakori csapdákat, és hogyan szerezd vissza az irányítást a mobil adatvédelmed felett.

Legyél akár szülő, utazó, vállalkozó, szabadúszó, diák, vagy egyszerűen valaki, aki útközben éli az életét, ez a könyv magabiztosságot és tudást ad ahhoz, hogy digitális világodat biztonságban tartsd – még a leginkább összekapcsolt környezetekben is.

Kezdjük az 1. fejezettel: A mobil kiberbűnözés valódi veszélyei – és hogy miért ugyanolyan fontos az okostelefonod védelme, mint a bejárati ajtód bezárása.

1. fejezet: A mobil kiberbűnözés valódi veszélyei

A legtöbb ember szó szerint az egész életét a zsebében hordja – mégis kevesen értik igazán az ezzel járó kockázatokat. Az okostelefon az emberi agy kiterjesztésévé vált: jelszavakat, személyes fényképeket, beszélgetéseket, pénzügyi alkalmazásokat, egészségügyi adatokat, helyelőzményeket, sőt biometrikus azonosítókat, például ujjlenyomatot és arcfelismerést is tárol. Ez teszi a mobil eszközöket a legkívánatosabb célponttá a kiberbűnözők, személyazonosság-tolvajok és digitális kémek számára. A veszély azonban nem csupán a sötét szobában kódoló hackerekről szól. A komolyabb fenyegetések gyakran jogszerűnek tűnnek, láthatatlanok, és már eleve be vannak építve azokba az alkalmazásokba, amelyeket nap mint nap használunk.

Kezdjük egy alapvető igazsággal: a telefonod folyamatosan adatokat sugároz. Legyen szó GPS-helyzetről, Bluetooth-jelekről, Wi-Fi-kérésekről vagy mobil hirdetési azonosítókról, az eszközöd állandó kapcsolatban áll hálózatokkal, tornyokkal és a közelben lévő eszközökkel. Ez az adatfolyam gyűjthető, tárolható, elemezhető és akár el is adható alkalmazásfejlesztők, hirdetők vagy rosszindulatú szereplők által. Sokan nem is tudják, hogy még az „ingyenes" zseblámpa- vagy időjárás-alkalmazások is tartalmazhatnak kémprogramokat, amelyek hozzáférnek a névjegyekhez, a mikrofonhoz vagy a használati szokásokhoz – anélkül, hogy bármi gyanúsat jeleznének.

Az egyik leggyakoribb és leginkább alulértékelt veszély az úgynevezett engedély-kúszás (permission creep) – amikor egy alkalmazás kezdetben csak alapfunkciókhoz kér hozzáférést (például helyadatokhoz vagy fotókhoz), de idővel egyre több, egyre érzékenyebb engedélyt kér. Egy egyszerű jegyzetelő alkalmazás például hirtelen hozzáférést kérhet a mikrofonhoz, a naptárhoz vagy a kamerához. A legtöbb felhasználó gondolkodás nélkül rákattint az „Engedélyezés" gombra, anélkül hogy tisztában lenne a következményekkel. Ezeket az engedélyeket aztán kihasználhatják lehallgatásra, fényképek készítésére vagy érzékeny fájlok elérésére a háttérben.

Ott vannak a hamis alkalmazások is – rosszindulatú szoftverek, amelyek legitim appoknak álcázzák magukat. Ezek különösen gyakoriak harmadik féltől származó alkalmazásboltokban. Egy hamis banki alkalmazás például szinte teljesen megegyezhet az eredetivel, de a bejelentkezési adatok megszerzésére szolgál. Telepítés után ezek az alkalmazások rejtett módban működnek: elfoghatják a kétlépcsős hitelesítési kódokat, elolvashatják az üzeneteket, és adatokat küldhetnek a támadó szerverére.

A nyilvános Wi-Fi használata is komoly kockázatot jelent. Az úgynevezett „man-in-the-middle" támadások során a hackerek hamis Wi-Fi-hálózatokat hoznak létre nyilvános helyeken, például „Free_Wifi" vagy „Starbucks_Guest" néven. Ha csatlakozol, a támadó képes elfogni minden adatot, amit küldesz: bejelentkezési adatokat, bankkártyaszámokat, e-maileket, és akár VPN-forgalmat is, ha az nincs megfelelően titkosítva. Ez különösen veszélyes azok számára, akik mobilbankolást, fájlátvitelt vagy online vásárlást végeznek útközben.

Még a Bluetooth is sebezhető. Az olyan támadások, mint a BlueBorne vagy a BlueSnarfing lehetővé teszik, hogy a hackerek fájlokat, névjegyeket lopjanak, vagy akár átvegyék az irányítást az eszköz felett – mindezt a felhasználó tudta nélkül. Ha a Bluetooth folyamatosan be van kapcsolva zsúfolt helyeken, például repülőtereken vagy konferenciákon, jelentősen nő a kockázat.

A mobil eszközök a social engineering támadások kapuját is jelentik. Az SMS-ben érkező adathalász üzenetek (smishing) vagy üzenetküldő alkalmazásokon keresztül érkező csalások gyakran teljesen hitelesnek tűnnek. Egy hamis csomagértesítés vagy banki üzenet linkjére kattintva könnyen telepíthetsz kártékony szoftvert, vagy egy hamis weboldalra kerülhetsz, amely ellopja a bejelentkezési adataidat. A mobil felhasználók hajlamosabbak gyorsan kattintani és átfutni az információkat, ami tovább növeli a veszélyt.

Ráadásul a mobil operációs rendszerek sem tökéletesek. Bár az iOS és az Android fejlett biztonsági megoldásokat alkalmaz, ezek megkerülhetők például jailbreakelés, elavult szoftver vagy úgynevezett „zero-day" sérülékenységek révén. Ha egy eszköz kompromittálódik, gyakorlatilag megfigyelő eszközzé válik – rögzítheti a leütéseket, feltörheti a jelszavakat, és adatokat továbbíthat a felhasználó tudta nélkül.

Összefoglalva: a mobil eszközök adatbányák – ezért rendkívül értékes célpontok a hackerek és az adatéhes vállalatok számára. A fenyegetések valósak, folyamatosak és egyre fejlődnek. Ez azonban nem jelenti azt, hogy védtelen vagy. A következő fejezetekben részletesen bemutatjuk azokat az eszközöket és technikákat, amelyekkel megvédheted magad – az alkalmazásengedélyek kezelésétől kezdve a titkosításon át a biztonságos üzenetküldésig és a mobil VPN-ekig.

Most pedig tartsd szem előtt ezt: ha nem hagynád a pénztárcádat, az útleveledet vagy a naplódat őrizetlenül egy nyilvános helyen, akkor digitálisan se tedd. Az okostelefonod mindez – és még sokkal több.

Carlos története – Mobil kiberbűnözés

Carlos éppen leszállt New Yorkban egy üzleti útról Mexikóvárosból. Ahogy áthaladt a JFK repülőtéren, elővette a telefonját, hogy megnézze az e-mailjeit, rendeljen egy Ubert, és értesítse a feleségét, hogy megérkezett. Egy átlagos, sűrű hétfőnek indult – egészen addig, amíg minden meg nem változott.

Mire beszállt az Uberbe, valami furcsát vett észre. A banki alkalmazása kijelentkeztette. Azt hitte, csak hiba, ezért újra megnyitotta, és beírta a jelszavát. Hibás. Újra próbálta. Megint hibás. Döbbenten nézett a képernyőre. Nem változtatta meg a jelszót. Senki más nem ismerte. Néhány órával korábban még működött.

Megpróbált belépni az e-mailjébe – de egy üzenet fogadta: „A jelszavad megváltozott. Ha nem te voltál, kattints ide." Ekkor már rossz előérzete támadt.

Perceken belül a telefonja folyamatosan értesítésekkel bombázta. A hitelkártya-társasága jelezte, hogy egy 1500 dolláros tranzakció történt Chicagóban. Majd értesítés jött, hogy az Apple ID-jával egy másik eszközről léptek be. Aztán egy újabb a Dropboxról. Carlos még el sem hagyta a repülőteret, de digitális élete máris darabokra hullott.

Mi történt?

Három nappal korábban, egy mexikóvárosi kávézóban Carlos csatlakozott az ingyenes Wi-Fi-re. Kényelmes volt, és már sokszor megtette. Aznap feltöltött bizalmas dokumentumokat a Google Drive-ra, belépett a befektetési fiókjába, és e-mailekre válaszolt – mindezt azon a hálózaton.

Amit nem tudott: a hálózat hamis volt. Egy hacker hozta létre, aki a közelben ült, és adatcsomagokat figyelt. Később egy hamis rendszerfrissítést küldött Carlos telefonjára egy „man-in-the-middle" támadással. Carlos gondolkodás nélkül elfogadta – és ezzel kártékony szoftvert telepített.

A program billentyűleütés-naplózót és távoli hozzáférést biztosító eszközt tartalmazott. A hacker innentől mindent látott: jelszavakat, üzeneteket, sőt a kamera képét is. Amikor Carlos újra nyilvános Wi-Fi-re csatlakozott, az adatok azonnal továbbításra kerültek.

Otthon Carlos próbálta menteni a helyzetet: jelszót változtatott, letiltotta a kártyáit, visszaállította a telefonját. De a kár már megtörtént. Adatai kiszivárogtak, személyazonossága veszélybe került.

Egy héttel később egy kiberbiztonsági szakértő segített neki megérteni a hibáit: VPN nélküli Wi-Fi használat, figyelmetlen engedélykezelés, bekapcsolt Bluetooth, és hamis frissítés elfogadása.

Carlos azonban tanult az esetből. Biztonságos alkalmazásokat kezdett használni, VPN-t telepített, ellenőrizte az engedélyeket, és megtanulta felismerni a csalásokat. Sőt, a családját is tanította ezekre.

Carlos története nem egyedi. Ez a modern világ figyelmeztetése – és pontosan ezért létezik ez a könyv.

2. fejezet: Az alkalmazásengedélyek megértése és azok kihasználása

Valahányszor új alkalmazást telepítesz, engedélyeket kér tőled. Néha ezek egyértelműek: egy navigációs alkalmazásnak szüksége van a helyadatokra, egy kameraalkalmazásnak a kamerához való hozzáférésre. De mi történik akkor, amikor egy zseblámpa alkalmazás mikrofonhozzáférést kér? Vagy amikor egy képszerkesztő alkalmazás a névjegyzékedhez akar hozzáférni? Az igazság az, hogy az alkalmazásengedélyek a mobilbiztonság egyik leginkább figyelmen kívül hagyott, mégis leginkább kihasznált elemei.

Az engedélyek hidat képeznek az alkalmazás és a telefonod belső funkciói között. Ide tartozik a helyadatok, a mikrofon, a kamera, a naptár, az üzenetek, a fényképek, a híváselőzmények, a biometrikus adatok, a tárhely, sőt még a képernyőhasználat is. Minden egyes engedély – ha visszaélnek vele – kapuvá válhat megfigyeléshez vagy adatlopáshoz. A probléma az, hogy a legtöbb ember egyszerűen rákattint az „Engedélyezés" gombra, gondolkodás nélkül – vagy még rosszabb, „Mindig engedélyezve" állapotra állítja, amikor az „Csak használat közben" is elegendő lenne.

Nézzük meg, hogyan élnek vissza ezekkel az engedélyekkel. Egy ártatlannak tűnő alkalmazás kérhet helyhozzáférést, majd csendben értékesítheti a mozgási adataidat hirdetőknek vagy adatbrókereknek. Egy másik lemásolhatja a vágólap tartalmát – ami azt jelenti, hogy ha jelszavakat vagy bankkártyaszámokat másoltál, azok is veszélybe kerülnek. Egyes alkalmazások SMS-hozzáférést kérnek „ellenőrzés” címén, majd elfogják a kétlépcsős hitelesítési kódokat vagy spam üzeneteket küldenek a kapcsolataidnak.

A mikrofon- és kamerahozzáférés különösen érzékeny. Egy alkalmazás, amely mindkettőhöz hozzáfér, elméletileg rögzíthet téged vagy képeket készíthet rólad a tudtod nélkül. Bár a mobil operációs rendszerek megkövetelik ezeknek az engedélyeknek az explicit kérését, egyes rosszindulatú alkalmazások kiskapukat találnak – különösen elavult vagy módosított (jailbreakelt) eszközökön. Még legitim alkalmazásokról is kiderült már, hogy háttérben felhasználói viselkedést rögzítenek „analitika” címszó alatt.

Az engedélyek idővel is változhatnak. Telepíthetsz egy alkalmazást korlátozott hozzáféréssel, de egy későbbi frissítés során új engedélyeket kérhet – és ha automatikus frissítések vannak bekapcsolva, észre sem veszed, hogy több adatodhoz fér hozzá. Ezt nevezzük engedély-kúszásnak, és rendkívül gyakori jelenség.

Hogyan veheted vissza az irányítást? Kezdd azzal, hogy manuálisan átnézed az összes alkalmazás engedélyeit. Androidon menj a Beállítások > Adatvédelem > Engedélykezelő menübe. iOS-en a Beállítások > Adatvédelem és biztonság alatt ellenőrizheted, mely alkalmazások férnek hozzá az egyes funkciókhoz. Vonj vissza minden olyan engedélyt, amely nem logikus az adott alkalmazás működéséhez.

Használhatsz engedélyfigyelő eszközöket is. Egyes alkalmazások ideiglenes engedélyeket biztosítanak, amelyek automatikusan lejárnak használat után, míg mások blokkolják a követőket és átláthatóbbá teszik az adatkezelést.

Fontos az is, hogyan telepítesz alkalmazásokat. Mindig hivatalos áruházból tölts le (Google Play, Apple App Store), és kerüld a harmadik féltől származó forrásokat, hacsak nem teljesen megbízhatóak. Telepítés előtt ellenőrizd a fejlesztő nevét, az értékeléseket és a frissítési előzményeket. A kevés értékeléssel rendelkező vagy másolatnak tűnő alkalmazások gyakran kártékonyak.

Még a legitim alkalmazások között is választhatsz olyan alternatívákat, amelyek kevesebb engedélyt kérnek. Például egy számológépnek nincs szüksége internetkapcsolatra. Attól, hogy egy alkalmazás népszerű, még nem biztos, hogy tiszteletben tartja a magánéletedet.

Használd ki az operációs rendszer beépített funkcióit is: korlátozd a háttérben történő adatfrissítést, és csak használat közben engedélyezd a helyadatokhoz való hozzáférést. Ez megakadályozhatja, hogy az alkalmazások folyamatosan nyomon kövessenek.

Végső soron a legjobb védelem a tudatosság és a digitális higiénia. Tedd szokássá, hogy havonta átnézed a telefonodat: töröld a nem használt alkalmazásokat, ellenőrizd az engedélyeket, és frissítsd a rendszert. Minél jobban kontrollálod, mit tehetnek az alkalmazásaid, annál kevesebb kontrolljuk lesz feletted.

Az alkalmazásengedélyek megértése nem csupán beállításokról szól – hanem az adataid, a személyazonosságod és a nyugalmad védelméről. A mobil technológia kényelme soha nem kerülhet a láthatatlan megfigyelés árán.

Ava története – A magánélet ára

Ava imádta a fotózást. Fiatal tartalomkészítőként órákat töltött képek készítésével és szerkesztésével. Egy hétvégi kiránduláson rátalált egy új alkalmazásra, amely professzionális szűrőket ígért – ingyen. Gondolkodás nélkül letöltötte, és minden engedélyt megadott.

Néhány nappal később furcsaságokat vett észre. A telefonja gyorsabban merült, felmelegedett, és egy furcsa felugró ablak Bluetooth-hozzáférést kért. Később ellenőrizte az engedélyeket – és megdöbbent: az alkalmazás hozzáfért a mikrofonhoz, kamerához, helyadatokhoz, névjegyekhez és még a mozgásérzékelőkhöz is.

Miért lenne erre szüksége egy képszerkesztőnek?

Kiderült, hogy az alkalmazás folyamatosan adatokat küldött egy külföldi szerverre. Ava törölte az alkalmazást, de a kár már megtörtént: adataihoz hozzáfértek.

Egy barátja segítségével átvizsgálta a telefonját, visszavonta a felesleges engedélyeket, kikapcsolta a háttérfrissítést, és biztonsági eszközöket telepített. Rájött, hogy eddig gondolkodás nélkül engedélyezett mindent.

Azóta megváltoztatta a szokásait: minden alkalmazást ellenőriz, kutat a fejlesztők után, és csak azt engedélyezi, ami valóban szükséges.

A legtöbb ember nem is sejti, mennyi adatot ad át egyetlen kattintással. Ava azonban megtanulta, hogy a kényelem ára gyakran a magánélet.

3. fejezet: A nyilvános Wi-Fi, a Bluetooth és a helymeghatározás kockázatai

Egy folyamatosan összekapcsolt világban a mobil kényelemnek ára van. A nyilvános Wi-Fi hálózatok, a Bluetooth jelek és a helymeghatározási szolgáltatások mind azért jöttek létre, hogy megkönnyítsék az életünket – ugyanakkor komoly sebezhetőségeket is teremtenek, amelyeket kihasználhatnak támadók, hirdetők, sőt még azok az alkalmazások is, amelyekben megbízunk. A kihívás abban rejlik, hogy megértsük, hogyan működnek ezek az eszközök, és hogyan manipulálhatók.

Kezdjük a nyilvános Wi-Fi-vel, amely az egyik leggyakoribb és legveszélyesebb mobilbiztonsági kockázat. Kávézók, repülőterek, szállodák és bevásárlóközpontok kínálnak ingyenes internetet – de ez az „ingyenesség" gyakran rejtett árral jár. Ezek a hálózatok sokszor nincsenek titkosítva, ami azt jelenti, hogy az általad küldött és fogadott adatok könnyen lehallgathatók. Egy hacker egyszerű eszközökkel megszerezheti az e-mailjeidet, jelszavaidat vagy bankkártyaadataidat. Még veszélyesebb, hogy hamis hotspotokat hozhatnak létre, amelyek legitimnek tűnnek, de valójában támadók irányítása alatt állnak. Ha csatlakozol, úgynevezett „man-in-the-middle" támadás indulhat: az adataidat elfogják, módosítják, vagy rosszindulatú kódot juttatnak az eszközödre.

Még a titkosított HTTPS-forgalom sem teljesen biztonságos, ha a támadók rá tudnak venni, hogy hamis tanúsítványt telepíts, vagy kihasználnak egy böngészőhibát. Egy mobilbanki belépés vagy felhőfiók használata nyilvános Wi-Fi-n komoly adatvesztéshez vezethet megfelelő védelem nélkül.

A második nagy kockázati tényező a Bluetooth. Sokan folyamatosan bekapcsolva hagyják – fejhallgatók, autók vagy okosórák miatt. De a Bluetooth folyamatosan sugárzó jel, amelyet a közelben lévő eszközök érzékelhetnek. Sérülékenységek, mint a BlueBorne, lehetővé teszik, hogy egy támadó kapcsolatba lépjen az eszközöddel anélkül, hogy elfogadnád a párosítást. Más támadások, például a BlueSnarfing, adatlopást vagy jogosulatlan hozzáférést tesznek lehetővé.

A legegyszerűbb védekezés: kapcsold ki a Bluetooth-t, amikor nem használod. Nincs szükség arra, hogy folyamatosan aktív legyen – különösen zsúfolt helyeken, például repülőtereken vagy tömegközlekedésen.

A harmadik fontos terület a helymeghatározás. A modern okostelefonok GPS, Wi-Fi és mobilhálózatok segítségével pontosan meghatározzák a tartózkodási helyedet. Ez hasznos – térképekhez, utazáshoz, időjáráshoz –, de komoly adatvédelmi kockázat is.

Sok alkalmazás folyamatosan gyűjti és megosztja a helyadataidat harmadik felekkel. Ezekből részletes profil készülhet: hol dolgozol, hol alszol, merre jársz nap mint nap. Ez az információ értékesíthető, kiszivárogtatható, vagy akár visszaélésre is felhasználható.

Az irányítás visszaszerzéséhez ellenőrizd a helyhozzáférési beállításokat. Csak akkor engedélyezd, amikor az alkalmazást használod, és kapcsold ki a pontos helymeghatározást, ha nem szükséges. Tiltsd le a háttérben futó frissítéseket, és kapcsold ki az olyan funkciókat, amelyek folyamatosan naplózzák a mozgásodat.

Egy másik fontos eszköz a mobil VPN. Ez titkosítja az internetkapcsolatodat, különösen nyilvános Wi-Fi használatakor. Elrejti az IP-címedet, és megakadályozza, hogy mások lássák az online tevékenységedet. Fontos azonban, hogy megbízható, fizetős szolgáltatást válassz, mivel az ingyenes VPN-ek gyakran az adataidból profitálnak.

Kapcsold ki az automatikus csatlakozást is, amely lehetővé teszi, hogy a telefonod automatikusan csatlakozzon nyitott hálózatokhoz. Ez gyakran alapértelmezett beállítás, és veszélyes lehet, mert a készülék újra csatlakozhat egy korábban használt – akár rosszindulatú – hálózathoz.

Összefoglalva: a vezeték nélküli kapcsolatok kétélű fegyverek. Kényelmet és gyorsaságot biztosítanak, ugyanakkor valós idejű fenyegetéseknek tesznek ki, ha nem kezeled őket tudatosan. Ha figyelsz arra, hogyan használod a Wi-Fi-t, a Bluetooth-t és a helyszolgáltatásokat, jelentősen csökkentheted a digitális lábnyomodat és a kockázataidat.

A cél nem az, hogy félj ezektől a technológiáktól – hanem az, hogy okosan használd őket.

Jordan története – Banki feltörés

Jordan digitális nomádként dolgozott, és a telefonja volt az élete központja. Egy nap egy kávézóban csatlakozott az ingyenes Wi-Fi-re, majd banki műveleteket végzett. Minden normálisnak tűnt – egészen addig, amíg nem kezdtek érkezni a gyanús tranzakciók.

Kiderült, hogy egy hamis Wi-Fi hálózathoz csatlakozott, amely egy legitim hálózatot utánzott. A támadó valós időben ellopta az adatait, majd Bluetooth-on keresztül további hozzáférést szerzett. Ráadásul a helyadatai is folyamatosan naplózva voltak.

A történet tanulsága egyszerű: a kényelem nem helyettesíti a biztonságot. Jordan végül megtanulta, hogyan védekezzen – VPN használatával, Bluetooth kikapcsolásával, engedélyek ellenőrzésével és a helyadatok korlátozásával.

A biztonság nem azt jelenti, hogy mindent letiltasz – hanem azt, hogy tudatosan döntesz arról, mit engedsz meg.

4. fejezet: Az okostelefonod biztonságossá tétele – beállítások, eszközök és bevált gyakorlatok

Az okostelefonod biztonságossá tétele egy gondolkodásmódbeli váltással kezdődik: a telefonod nem csupán egy eszköz – hanem az identitásod, a pénztárcád és a magánéleted egyetlen tárgyba sűrítve, amit mindenhová magaddal viszel. Minden érintés, letöltés vagy húzás új lehetőséget teremt – vagy a hatékonyságra, vagy a kihasználásra. Szerencsére a modern okostelefonok erős beépített védelemmel rendelkeznek – csak megfelelően kell használni őket. Ez a fejezet lépésről lépésre bemutatja, hogyan zárhatod le a telefonodat okos beállításokkal, ingyenes eszközökkel és bevált szokásokkal.

Kezdjük a zárolási képernyővel, amely az első védelmi vonalad. Használj erős, hat számjegyű PIN-kódot vagy alfanumerikus jelszót egy egyszerű négyjegyű kód helyett. A biometrikus azonosítás – például az arcfelismerés vagy ujjlenyomat – kényelmes, de mindig legyen mellette egy erős biztonsági kód. Kerüld az egyszerű mintázatokat vagy olyan arcfelismerést, amely csak a kamerára támaszkodik. Emellett kapcsold ki az értesítések előnézetét a zárolt képernyőn, különösen érzékeny alkalmazásoknál, mint az e-mail vagy a banki appok.

Ezután engedélyezd az automatikus biztonsági frissítéseket. Az Android és az iOS rendszeresen ad ki javításokat, amelyek kritikus sérülékenységeket szüntetnek meg. Egy frissítetlen telefon az egyik legkönnyebben támadható eszköz.

Az egyik leginkább alulértékelt beállítás az alkalmazásengedélyek rendszeres ellenőrzése. Havonta nézd át, mely alkalmazások férnek hozzá a kamerához, mikrofonhoz, névjegyekhez vagy helyadatokhoz. Ha egy alkalmazásnak nincs szüksége rá, vond vissza az engedélyt, vagy állítsd „Csak használat közben" módra.

Az adatok védelméhez kapcsold be a titkosítást. Az iPhone-ok ezt alapból használják, Androidon pedig külön is aktiválható. Ez biztosítja, hogy ha a telefonodat ellopják, az adatok ne legyenek hozzáférhetők jelszó nélkül.

Kiemelten fontos a rendszeres biztonsági mentés is. Használj titkosított felhőmentést vagy helyi mentést. Ez az egyetlen biztos módja annak, hogy adatvesztés esetén visszaállítsd az információidat.

Az üzenetküldésnél kerüld a hagyományos SMS-t érzékeny információk esetén. Inkább végpontok közötti titkosítást használó alkalmazásokat válassz. Ezek biztosítják, hogy az üzeneteidhez senki más ne férhessen hozzá.

Telepíts megbízható VPN-t, különösen ha gyakran használsz nyilvános Wi-Fi-t. Ez titkosítja az adatforgalmadat, és megakadályozza a lehallgatást. Kerüld az ismeretlen vagy ingyenes szolgáltatásokat, amelyek az adataidból profitálhatnak.

Androidon használhatsz adatforgalom-figyelő vagy tűzfal alkalmazásokat, amelyek segítenek azonosítani a gyanús háttértevékenységeket. iOS-en is léteznek hasonló megoldások az adatvédelem növelésére.

Kapcsold ki a hirdetéskövetést és az analitikai adatgyűjtést. Állítsd be, hogy az alkalmazások ne követhessenek, és időnként töröld a hirdetési azonosítódat.

Biztonsági okokból kapcsold ki az olyan funkciókat, mint az AirDrop, NFC vagy a közeli megosztás, ha nem használod őket. Ugyanez vonatkozik a Bluetooth-ra és a Wi-Fi-re is.

Ne felejtsd el bekapcsolni a „Készülék keresése” funkciót sem, amely lehetővé teszi, hogy elvesztés vagy lopás esetén megtaláld, lezárd vagy töröld az eszközödet.

Ezek a lépések mindössze 30 percet vesznek igénybe, de éveken át megvédenek adatlopástól, stressztől és pénzügyi veszteségtől. A telefonod gyorsabb, biztonságosabb és megbízhatóbb lesz.

Riley története – A biztonság felismerése

Riley mindig azt hitte, hogy az iPhone-ja biztonságos. Egy kiberbiztonsági előadás után azonban rájött, mennyi mindent vett természetesnek.

Hazatérve elkezdte átvizsgálni a telefonját. Lecserélte az egyszerű jelszavát egy erősebb, hosszabb kódra. Ellenőrizte az alkalmazásokat, és meglepődött, hogy régi játékok hozzáfértek a mikrofonhoz és kamerához.

Letiltotta a felesleges engedélyeket, kikapcsolta a háttérfrissítést, és biztonságos üzenetküldő alkalmazást kezdett használni. Törölte a mentett Wi-Fi hálózatokat, kikapcsolta az automatikus csatlakozást, és VPN-t telepített.

Bluetooth? Kikapcsolva, ha nem kell. Helymeghatározás? Korlátozva. Hirdetéskövetés? Letiltva. Még azt is felfedezte, hogy a telefonja részletesen naplózta a mozgását – amit azonnal kikapcsolt.

Néhány hét múlva egy barátjának segített, akit feltörtek. Riley végigvezette ugyanazokon a lépéseken, és ezzel nemcsak magát, hanem másokat is védett.

Rájött, hogy a biztonság nem bonyolult – csak tudatosság kérdése. A telefonja többé nem volt sebezhető pont, hanem egy erős, kontrollált eszköz lett.

A védelem nem a technológiáról szól – hanem arról, hogy hogyan használod.

5. fejezet: Személyes fájlok, fényképek és felhőadatok védelme

Az okostelefonod több, mint egy kommunikációs eszköz – egy személyes páncélszekrény. Több ezer fényképet, privát dokumentumot, beszkennelt igazolványokat, szerződéseket, pénzügyi adatokat és érzékeny jegyzeteket tárol. Bár rendkívül kényelmes, ez a kényelem egyben célponttá is teszi a készüléket a lopás, feltörés és megfigyelés számára. Ha a fájljaid, fényképeid vagy felhőfiókjaid kompromittálódnak, az következményekkel járhat: személyazonosság-lopás, zsarolás, pénzügyi veszteség és komoly stressz.

Az első lépés az, hogy megértsd, hogyan tárolódnak és osztódnak meg az adataid. A legtöbb felhasználó felhőszolgáltatásokat használ – például iCloud, Google Drive vagy Dropbox – biztonsági mentésre és tárolásra. Ezek hatékonyak, de nem sebezhetetlenek. Egy feltört felhőfiók hozzáférést adhat a teljes digitális életedhez, különösen, ha gyenge jelszavakat használsz vagy nincs kétlépcsős azonosítás.

Kezdd azzal, hogy minden felhőfiókodat erős, egyedi jelszóval véded, és bekapcsolod a kétfaktoros hitelesítést (2FA). Kerüld az SMS-alapú megoldásokat, és inkább hitelesítő alkalmazást használj. Még nagyobb biztonságot nyújtanak a fizikai biztonsági kulcsok.

Ezután ellenőrizd a megosztási beállításokat. Gyakran előfordul, hogy régi dokumentumok továbbra is elérhetők nyilvános linken keresztül. Töröld vagy korlátozd az ilyen hozzáféréseket, és csak akkor használj „bárki a linkkel" opciót, ha feltétlenül szükséges.

Titkosítsd az érzékeny fájlokat még feltöltés előtt. Ehhez használhatsz különböző eszközöket, amelyek jelszóval védik a fájlokat. Így még akkor is biztonságban maradnak, ha a felhőfiókhoz hozzáférnek.

A telefonodon használj biztonságos fájltároló alkalmazásokat, amelyek jelszóval vagy biometrikus azonosítással védik a privát adatokat. Ezek az adatok nem jelennek meg a hagyományos galériában vagy fájlkezelőben.

A fényképek védelméhez kapcsold ki az automatikus szinkronizálást az érzékeny mappák esetében. Ellenőrizd, mely képek kerülnek fel a felhőbe, és hozz létre külön, védett tárolót az olyan fájloknak, mint igazolványok vagy bizalmas dokumentumok.

Figyelj a dokumentumszkennelő alkalmazásokra is. Sok ilyen alkalmazás automatikusan feltölti a fájlokat felhőbe. Válassz olyan megoldásokat, amelyek helyi tárolást és titkosítást kínálnak.

Készíts rendszeres offline biztonsági mentést is – például titkosított külső meghajtóra. A felhő kényelmes, de nem hibátlan: adatvesztés, törlés vagy zsarolóvírus esetén egy offline mentés életmentő lehet.

Különösen fontos az alkalmazásengedélyek ellenőrzése. Sok alkalmazás – például képszerkesztők vagy közösségi appok – teljes hozzáférést kérnek a galériához vagy fájlrendszerhez. Csak azt engedélyezd, ami valóban szükséges.

További védelemként használhatsz mobilbiztonsági alkalmazásokat, amelyek figyelik az adatszivárgást, és lehetővé teszik az adatok távoli törlését, ha a készülék elveszik vagy ellopják.

A lényeg egyszerű: ami számodra értékes, az mások számára is az. Kezeld a fájljaidat és fényképeidet ugyanazzal a gondossággal, mint a pénztárcádat vagy útleveledet – titkosítsd, védd és tudd, hol tárolod őket.

Natasha története – Egy furcsa e-mail

Natasha sikeres ügyvédként dolgozott, és minden adatát a felhőben tárolta. Egy nap azonban értesítést kapott egy gyanús bejelentkezésről – és kiderült, hogy valaki hozzáfért a fiókjához.

Két bizalmas dokumentumot letöltöttek, majd zsaroló e-mail érkezett. A probléma oka az volt, hogy ugyanazt a jelszót több helyen használta, és nem volt bekapcsolva a kétfaktoros védelem.

Egy szakértő segítségével teljes biztonsági átalakítást végzett: erős jelszavak, 2FA, fájltitkosítás, biztonságos szkennelés és offline mentések.

Natasha rájött, hogy a felhő nem automatikusan biztonságos – azzá kell tenni. Most már tudatosan védi az adatait, és másokat is tanít erre.

A tanulság: ne várj egy adatvédelmi incidensre. Ha fontos elmenteni, akkor fontos megvédeni is.

6. fejezet: Biztonságos üzenetküldés, hívások és videóbeszélgetések mobilon

Az üzenetküldés, hanghívások és videóbeszélgetések a leggyakoribb kommunikációs formák az okostelefonokon. Amit azonban sok felhasználó nem tud, hogy ezek a beszélgetések nem mindig privátak. Az alapértelmezett, nem biztonságos üzenetküldő alkalmazásoktól kezdve a titkosítatlan videóplatformokon át az adatokat naplózó szolgáltatókig a mobilkommunikáció sokkal sebezhetőbb, mint gondolnád. A megfigyelés és digitális lehallgatás korában a kommunikáció védelme nem luxus – hanem szükségszerűség.

Kezdjük az SMS-sel. Az SMS az egyik legkevésbé biztonságos kommunikációs forma. Az üzenetek titkosítatlanul kerülnek továbbításra, és lehallgathatók szolgáltatók, hatóságok vagy támadók által. Sok helyen az üzenetek tartalmát és metaadatait hónapokig vagy évekig tárolják. Ha fontos a magánélet, az SMS-t csak nem érzékeny kommunikációra használd.

Ehelyett használj végpontok közötti titkosítást alkalmazó üzenetküldő alkalmazásokat, ahol csak a küldő és a fogadó olvashatja az üzeneteket. A legjobb lehetőségek közé tartoznak: Signal – az egyik legbiztonságosabb, nyílt forráskódú alkalmazás, reklámok és adatgyűjtés nélkül

WhatsApp – titkosított, de metaadatokat gyűjt

Telegram – csak titkosított „Secret Chat" módban biztonságos

Threema és Wire – magas szintű adatvédelem, különösen szakmai használatra

A hang- és videóhívások esetében a hagyományos telefonhívások nem végpontok között titkosítottak, így lehallgathatók. Ha privát kommunikációra van szükség, használj titkosított alkalmazásokat, amelyek biztonságos hívásokat biztosítanak.

Figyelj a mikrofon- és kameraengedélyekre is. Sok alkalmazás hozzáférést kér ezekhez akkor is, amikor nem használod őket. Mindig ellenőrizd, mely alkalmazások használják ezeket a háttérben, és vond vissza a felesleges hozzáférést.

Videóhívásoknál nem minden platform kínál teljes titkosítást. Ha érzékeny üzleti vagy személyes beszélgetést folytatsz, válassz biztonságosabb megoldásokat.

További védelemként használhatsz ideiglenes telefonszámokat biztosító alkalmazásokat, amelyekkel elrejtheted a valódi számodat.

Légy óvatos a social engineering támadásokkal is. A támadók gyakran ismert személynek adják ki magukat, és megpróbálnak rávenni, hogy linkre kattints vagy adatokat ossz meg. Mindig ellenőrizd a feladó kilétét, különösen sürgős kérések esetén.

Kapcsold be a kétfaktoros hitelesítést minden kommunikációs alkalmazásban, használj PIN-kódot vagy biometrikus zárolást, és aktiváld az önmegsemmisítő üzeneteket, ahol elérhető.

Ne feledkezz meg az üzenetmentésekről sem. Egyes alkalmazások felhőbe mentik a beszélgetéseket, amelyek nem mindig titkosítottak. Kapcsold ki ezt a funkciót, vagy válassz titkosított mentést.

Összességében a biztonságos kommunikáció nem csak az alkalmazás kiválasztásáról szól. Tudatosság, megfelelő beállítások és jó szokások kombinációja szükséges ahhoz, hogy a beszélgetéseid valóban privátak maradjanak.

Lena története – A titkosítás jelentősége

Lena oknyomozó újságíróként dolgozott, és bizalmas forrásokkal kommunikált. Sokáig hagyományos SMS-t és telefonhívásokat használt – anélkül, hogy tudta volna, ezek mennyire sebezhetőek.

Egy figyelmeztetés után szakértőhöz fordult, aki rámutatott, hogy kommunikációja nem volt titkosítva, és a mikrofonjához egy alkalmazás jogosulatlanul hozzáfért.

Ezután áttért biztonságos üzenetküldő alkalmazásokra, letiltotta a felesleges engedélyeket, kikapcsolta a nem biztonságos mentéseket, és extra védelmi rétegeket állított be.

Lena megtanulta, hogy a digitális világban nemcsak az adatokat kell védeni – hanem a beszélgetéseket is.

7. fejezet: Mobilalkalmazás-csapdák, kártevők és kémprogramok veszélyei

Nem minden mobilalkalmazás az, aminek látszik. Néhány hasznos eszköznek, játéknak vagy szórakoztató platformnak álcázza magát – miközben a háttérben adatokat gyűjt, követőszoftvert telepít, vagy akár kémprogramként működik. A modern okostelefon aranybánya lett a fejlesztők és támadók számára egyaránt, és azok a felhasználók, akik nem ismerik fel az alkalmazásalapú csapdákat, könnyen megfigyelés, személyazonosság-lopás vagy még súlyosabb következmények áldozatává válhatnak. Ebben a fejezetben feltárjuk a leggyakoribb alkalmazásalapú fenyegetéseket, és azt, hogyan védekezhetsz a letöltéseidben rejtőző veszélyek ellen.

Kezdjük a rosszindulatú alkalmazásokkal. Ezek olyan appok, amelyek legitimnek tűnnek, de valójában adatlopásra, kártevők telepítésére vagy az eszköz funkcióinak átvételére szolgálnak. Leggyakrabban harmadik féltől származó alkalmazásboltokban vagy gyanús weboldalakon találhatók, de néha még a hivatalos áruházakba is bejutnak, például zseblámpa-, háttérkép- vagy QR-kód-olvasó alkalmazásként álcázva. Telepítés után túlzott engedélyeket kérnek, majd adatokat küldenek távoli szerverekre vagy figyelik a felhasználói viselkedést.

Az egyik legveszélyesebb fenyegetés a kémprogram (spyware), más néven stalkerware. Ezek az alkalmazások csendben követik a készülék helyét, az üzeneteket, hívásnaplókat, fényképeket, sőt a mikrofon és kamera használatát is – a felhasználó tudta nélkül. Gyakran valaki más telepíti őket, aki ideiglenesen hozzáfér a telefonhoz, és a háttérben futnak, rejtve a felhasználó elől.

A kémprogramok gyakran ártatlannak tűnő neveket használnak, például „Rendszersegéd" vagy „Eszközszolgáltatás", hogy elkerüljék a felismerést. Néhányat nyíltan „szülői felügyelet" vagy „alkalmazotti megfigyelés" eszközként árulnak, de visszaélésre is használják. Aktiválás után folyamatosan adatokat továbbítanak, és akár távolról is aktiválhatják a mikrofont vagy a képernyőt.

A védekezés első lépése az alkalmazások rendszeres ellenőrzése. Ha olyan alkalmazást találsz, amelyet nem te telepítettél, vagy gyanús engedélyeket kér, azonnal töröld. Androidon a Beállítások > Alkalmazások menüben, iPhone-on a Beállítások > Általános > iPhone tárhely alatt ellenőrizheted ezeket. Androidon külön figyelj az „Eszközadminisztrátor" jogosultságokra is, mert egyes kémprogramok így szereznek magasabb szintű hozzáférést.

Telepíts megbízható mobilbiztonsági alkalmazást, amely képes felismerni a kártevőket és rejtett megfigyelést. Ezek az eszközök figyelmeztethetnek a gyanús tevékenységekre, például a mikrofon vagy kamera illetéktelen használatára.

Mindig megbízható forrásból tölts le alkalmazásokat. Kerüld a harmadik féltől származó áruházakat, e-mailben vagy üzenetben kapott linkeket. Letöltés előtt ellenőrizd a fejlesztőt, az értékeléseket és az engedélyeket. Gyanús lehet egy alkalmazás, ha túl általános leírása van, túl sok engedélyt kér, vagy az értékelések mesterségesnek tűnnek.

Különösen légy óvatos az ingyenes alkalmazásokkal, amelyek hozzáférést kérnek a névjegyekhez, tárhelyhez vagy hívásnaplóhoz. Sok ilyen alkalmazás nem a felhasználótól, hanem az adatok értékesítéséből termel bevételt.

Kapcsold ki az „Ismeretlen forrásból származó alkalmazások telepítése” lehetőséget. Ez megakadályozza, hogy külső forrásból származó, potenciálisan veszélyes appok kerüljenek a készülékre.

Figyeld a telefonod viselkedését is. Gyors akkumulátor-merülés, túlmelegedés, szokatlan adatforgalom vagy furcsa felugró ablakok mind figyelmeztető jelek lehetnek.

Ha úgy gondolod, hogy a telefonod kompromittálódott, készíts biztonsági mentést, végezz gyári visszaállítást, és csak megbízható alkalmazásokat telepíts újra. Kerüld a teljes mentések visszaállítását, ha azok fertőzöttek lehetnek.

Ne feledkezz meg a környezetedről sem. Gyerekek, családtagok gyakran ellenőrzés nélkül telepítenek alkalmazásokat. Segíts nekik biztonságos beállításokat használni.

A legfontosabb: minden alkalmazás, amit telepítesz, vagy védi a magánéleted – vagy veszélyezteti azt. A cél nem az, hogy ne használj alkalmazásokat, hanem az, hogy tudatosan válassz.

Tasha története – Egy ártatlannak tűnő alkalmazás

Tasha egy hasznosnak tűnő produktivitási alkalmazást töltött le, amely segített neki a munkában. Az alkalmazás jól működött – de hamar furcsa jeleket vett észre: gyors merülés, túlmelegedés, szokatlan viselkedés.

Egy ismerőse ellenőrizte a készüléket, és kiderült, hogy az alkalmazás kémprogram volt. Hozzáfért a névjegyekhez, mikrofonhoz, helyadatokhoz és még a vágólaphoz is – beleértve a jelszavakat.

A megoldás egy teljes gyári visszaállítás volt, majd biztonsági eszközök telepítése és az alkalmazások átvizsgálása.

Tasha megtanulta, hogy a legnagyobb veszélyek gyakran hasznos eszköznek álcázva jelennek meg. Azóta minden alkalmazást alaposan ellenőriz, és másokat is figyelmeztet erre.

A tanulság egyszerű: a legveszélyesebb alkalmazások nem kopogtatnak – észrevétlenül jutnak be.

8. fejezet: Mit tegyél, ha a telefonod elveszik, ellopják vagy lefoglalják

A telefon elvesztése ma már nem csupán kellemetlenség – valódi digitális vészhelyzet lehet. Legyen szó elvesztésről, lopásról vagy hatósági lefoglalásról, a magánéleted percek alatt veszélybe kerülhet, ha nincsenek megfelelő védelmi intézkedések. Névjegyek, banki alkalmazások, fényképek, üzenetek, közösségi fiókok és mentett jelszavak mind hozzáférhetővé válhatnak. A jó hír az, hogy megfelelő felkészüléssel és gyors reakcióval minimalizálhatod a károkat – vagy akár teljesen meg is előzheted azokat.

1. lépés: Felkészülés még a probléma előtt
   A legjobb védekezés a megelőzés. Kapcsold be a készülék helymeghatározó és távoli törlési funkcióit. Ezek segítségével térképen követheted a telefonodat, lezárhatod, vagy szükség esetén törölheted az adatokat. Emellett használj erős jelkódot, ne csak egyszerű PIN-t, és kapcsold ki az érzékeny értesítések megjelenítését a zárolt képernyőn.
2. lépés: Titkosítás és automatikus törlés
   Győződj meg róla, hogy a telefonod titkosítva van. Ez megakadályozza, hogy az adatokhoz hozzáférjenek, még akkor is, ha fizikailag megszerzik az eszközt.

Beállíthatod azt is, hogy a készülék törölje magát több sikertelen feloldási kísérlet után.

3. lépés: Azonnali intézkedés elvesztés esetén

   Ha a telefonod eltűnik, azonnal cselekedj:

   – Használd a „Készülék keresése" funkciót a hely meghatározásához

   – Zárd le a telefont távolról, és jeleníts meg egy üzenetet

   – Ha nem található meg, töröld az adatokat távolról

   – Azonnal változtasd meg a legfontosabb jelszavakat (különösen e-mail és bank)

   – Értesítsd a szolgáltatót, hogy letiltsák a SIM-kártyát

   – Jelentsd az esetet a rendőrségen, és add meg az IMEI számot

4. lépés: Védelem lefoglalás vagy ellenőrzés esetén

   Bizonyos helyzetekben – például utazáskor vagy jogi ügyeknél – a telefonodat lefoglalhatják. Ilyenkor:

   – Használj hosszú, nem biometrikus jelkódot

   – Használj titkosított kommunikációs alkalmazásokat

   – Kapcsold ki az érzékeny adatok szinkronizálását

   – Használj külön „tiszta" telefont utazáshoz

5. lépés: Utólagos biztonsági ellenőrzés

   Ha visszakapod a telefonodat:

   – Ellenőrizd a beállításokat és az alkalmazásokat

   – Nézd át a fiókhozzáféréseket

- Változtasd meg az összes jelszót
- Szükség esetén végezz gyári visszaállítást

Extra: fontos adatok rögzítése

Jegyezd fel biztonságos helyre:

- IMEI szám
- készülék típusa
- sorozatszám
- legfrissebb biztonsági mentés

Összefoglalva: a telefonod lehet a legnagyobb segítséged – vagy a legnagyobb kockázatod. Minél több védelmi réteget építesz be előre, annál kevesebb problémád lesz egy váratlan helyzetben.

Raj története – Az elveszett telefon

Raj egy hosszú nap után vette észre, hogy elvesztette a telefonját. Az eszköz tartalmazta minden fontos adatát – banki információkat, jelszavakat, fényképeket.

Szerencsére előre beállította a nyomkövetést. Gyorsan lezárta a készüléket, majd amikor eltűnt a jel, távolról törölte az adatokat. Ezután azonnal jelszavakat változtatott és letiltotta a SIM-kártyát.

Az eset után még szigorúbb biztonsági intézkedéseket vezetett be: erős jelkód, titkosított kommunikáció, külön utazótelefon.

Raj megtanulta, hogy a telefon nem egyszerű eszköz – hanem a teljes digitális élete. És azt ugyanúgy védeni kell, mint az otthonát.

9. fejezet: Mobilbiztonság családok és gyermekek számára

A mai, folyamatosan összekapcsolt világban a mobil eszközök a családi élet szerves részévé váltak. A gyerekek már fiatal korban okostelefont és táblagépet használnak tanulásra, szórakozásra és kommunikációra. Bár a technológia rengeteg előnyt kínál, komoly veszélyeket is rejt: online ragadozók, nem megfelelő tartalmak, cyberbullying, függőség, adatkövetés és adatvédelmi visszaélések. Szülőként vagy gondviselőként a gyermeked digitális védelme az egyik legfontosabb feladatod.

Az első lépés a kockázatok megértése. A gyerekek nem passzív felhasználók – aktív célpontok. Rosszindulatú alkalmazások, játékok, közösségi média algoritmusok és más felhasználók is kihasználhatják a kíváncsiságukat. Gyakran nincsenek tisztában azzal, mit jelent személyes adatokat megosztani vagy ismeretlenekkel kapcsolatba lépni.

A legfontosabb eszköz a nyílt kommunikáció. Fontos, hogy a gyerek megértse: a telefon használata felelősséggel jár. Nem megfigyelni akarod, hanem segíteni és védeni. Ez bizalmat épít, és növeli annak esélyét, hogy problémák esetén hozzád fordul.

Használj szülői felügyeleti eszközöket és korlátozásokat:
- iPhone-on a Képernyőidő beállításokkal szabályozhatod az alkalmazásokat és időkorlátokat
- Androidon a Family Link segítségével felügyelheted a használatot
- Engedélyezd a biztonságos keresést és gyerekbarát platformokat

Tanítsd meg a gyerekeket az adatvédelem alapjaira. Soha ne osszanak meg nevet, címet, iskolát vagy fényképet idegenekkel. Magyarázd el, hogy az alkalmazások követhetik őket, és adatokat gyűjthetnek róluk.

Kapcsold ki a helymeghatározást a legtöbb alkalmazásnál, és csak a szükséges esetekben engedélyezd. Ugyanez vonatkozik a Bluetooth-ra és a fájlmegosztási funkciókra is.

Beszéljetek a cyberbullyingról. A gyerekeknek tudniuk kell, hogyan blokkoljanak vagy jelentsenek másokat, és hogy mindig fordulhatnak hozzád segítségért.

Állíts be képernyőidő-korlátokat. A túlzott használat alvászavarokat és koncentrációs problémákat okozhat. Hozz létre képernyőmentes időszakokat, például lefekvés előtt vagy étkezés közben.

Használj olyan eszközöket, amelyek segítenek a gyerekeknek megérteni a saját szokásaikat, nem csak korlátozni őket. Az önszabályozás hosszú távon sokkal értékesebb.

Ne feledkezz meg a fizikai védelemről sem:
– erős jelkód vagy biometrikus védelem
– alkalmazásbolt korlátozása
– rendszeres frissítések
– érzékeny adatok külön, szülői felügyelet alatt

A legfontosabb: mutass példát. A gyerekek a szokásaidból tanulnak. Ha te sem figyelsz az adatvédelemre, ők sem fognak.

Összefoglalva: a cél nem az, hogy elszigeteld a gyereket a digitális világtól, hanem hogy megtanítsd biztonságosan használni azt. Tudás, határok és bizalom – ezek adják az alapot.

Monica története – Miért telepítette a Family Linket

Monica fia, Leo okostelefont kapott, és eleinte minden rendben volt. Később azonban idegenekkel kezdett beszélgetni egy játékban, és túl sok időt töltött a telefonon.

Monica rájött, hogy nagyobb védelemre van szükség. Beállította a szülői felügyeletet, törölte a felesleges alkalmazásokat, és beszélt a fiával a veszélyekről.

Idővel Leo megtanulta, hogyan használja biztonságosan a technológiát, és egyre tudatosabb felhasználóvá vált.

A legnagyobb változás nem a technológiában volt – hanem a kommunikációban. Ez tette igazán biztonságossá a digitális környezetet.

10. fejezet: A mobilbiztonság jövője — trendek, fenyegetések és hogyan maradj egy lépéssel előrébb

A mobilbiztonság ma már nem választható lehetőség – hanem folyamatosan fejlődő szükségszerűség. Ahogy az okostelefonok egyre erősebbé válnak és életünk minden területébe beépülnek, a rájuk irányuló fenyegetések is egyre kifinomultabbak, kitartóbbak és láthatatlanabbak lesznek. A jövő megértése kulcsfontosságú ahhoz, hogy egy lépéssel a támadók, manipuláló algoritmusok és megfigyelési rendszerek előtt járj. Ebben a fejezetben a mobilbiztonság jövőbeli trendjeit, a várható fenyegetéseket és a felkészülés módját vizsgáljuk meg.

Az egyik legnagyobb változás a mesterséges intelligencia (AI) térnyerése, mind a támadások, mind a védelem terén. A kiberbűnözők már AI-t használnak adathalász támadások automatizálására, élethű hamis üzenetek generálására és célzott támadások tervezésére. A deepfake hang- és videótechnológia lehetővé teszi, hogy valaki hitelesnek tűnő módon adja ki magát másnak, és így érzékeny információkat szerezzen meg.

A védelem oldalán az AI szintén kulcsszerepet kap. Valós idejű fenyegetésészlelés, viselkedéselemzés és adatvédelmi rendszerek segítenek megelőzni a támadásokat. Az okostelefonok egyre intelligensebbé válnak a védekezésben – ugyanakkor egyre több adatot is használnak ehhez.

Egy másik növekvő fenyegetés a „zero-click" támadás, amelyhez nincs szükség felhasználói interakcióra. Egy nem fogadott hívás vagy egy beérkező üzenet is elegendő lehet a fertőzéshez. Ezek rendkívül veszélyesek, különösen magas kockázatú célpontok számára.

A védekezés kulcsa: mindig frissítsd a készüléket, kapcsold ki a nem használt szolgáltatásokat, és használj biztonságos kommunikációs alkalmazásokat.

A kémprogramok és állami megfigyelési eszközök is egyre fejlettebbek. Ezek képesek teljes hozzáférést szerezni a készülékhez, még erős védelem mellett is. A válasz erre a hardveres biztonság, például fizikai biztonsági kulcsok és speciális operációs rendszerek használata.

A biometrikus azonosítás is fejlődik. A jövőben nemcsak ujjlenyomatot vagy arcot használunk, hanem viselkedési mintákat, hangot vagy akár pulzust is. Bár ezek növelik a biztonságot, új adatvédelmi kérdéseket is felvetnek.

A digitális pénztárcák és mobilazonosítók elterjedése miatt a telefon még fontosabbá válik. Egyetlen eszköz tartalmazhatja az összes személyes és pénzügyi adatot – így a védelme kritikus jelentőségű.

Az 5G és a jövőbeli hálózatok gyorsabb kapcsolatot biztosítanak, de új támadási felületeket is nyitnak. Az okoseszközök, járművek és viselhető technológiák mind kapcsolódnak a hálózathoz, növelve a kockázatot.

Hogyan maradhatsz előnyben?
– Folyamatos tanulás és tájékozódás
– Digitális lábnyom csökkentése
– Többrétegű védelem használata
– Offline, titkosított mentések készítése
– Személyazonosság tudatos kezelése
– Rendszeres biztonsági ellenőrzések

A jövő nem a teljes biztonságról szól – hanem a tudatos döntésekről és a proaktív védekezésről.

Julian és Maya története – A digitális ébredés

Julian és Maya egy modern, technológiával teli életet éltek, ahol minden eszköz össze volt kapcsolva. Egy dokumentumfilm után azonban ráébredtek, mennyire sebezhetőek.

Elkezdték átvizsgálni eszközeiket: frissítések, biztonságos üzenetküldés, fizikai biztonsági kulcsok, adatvédelem. A gyerekeiket is megtanították a tudatos használatra.

Idővel a biztonság rutinná vált számukra. Nem félelemből cselekedtek, hanem tudatosan.

A legfontosabb tanulság: a biztonság nem egyszeri beállítás – hanem életmód.

A biztonság nem célállomás – hanem gyakorlat

Eljutottál ennek a könyvnek a végére, de a mobilbiztonság felé vezető utad még csak most kezdődik.

Egy olyan világban élünk, ahol a telefonunk több, mint egyszerű eszköz – digitális kiterjesztése önmagunknak. Tudja, hová megyünk, kivel beszélünk, mire keresünk rá, hogyan költünk, sőt még azt is, mire gondolunk, amikor senki más nem figyel. És mivel ennyit tud rólunk, ugyanazzal a sürgősséggel, éberséggel és gondossággal kell védenünk, mint az otthonunkat, a családunkat és az identitásunkat.

A könyv során végigmentünk a mobilvédelem minden rétegén – a zárolási képernyő beállításaitól a titkosított üzenetküldésen át az alkalmazásengedélyek ellenőrzéséig, a kémprogramok felismeréséig és a távoli fenyegetések kezeléséig. Most már tudod, hogy a veszélyek nem mindig tűnnek veszélyesnek. Gyakran kényelemként, ingyenes letöltésként vagy érintetlenül hagyott alapbeállításokként jelennek meg.

Azt is megértetted, hogy a biztonság célja nem a félelem vagy a paranoia – hanem a szabadság. Amikor kézbe veszed az irányítást az eszközöd, az adataid és a digitális szokásaid felett, magabiztosabban, tisztábban és nyugodtabban mozogsz a világban.

Megtanultad, hogyan:

– megerősítsd a telefonodat okos alapbeállításokkal
– kiválaszd a valóban biztonságos üzenetküldő és videós eszközöket
– megvédd a fényképeidet, fájljaidat és felhőadataidat a szivárgásoktól
– felismerd és eltávolítsd a rosszindulatú vagy manipulatív alkalmazásokat
– felkészülj vészhelyzetekre, például lopásra vagy eszközvesztésre
– biztonságos digitális használatra tanítsd a családodat és a gyermekeidet
– lépést tarts a jövő fenyegetéseivel a megfelelő szokások és eszközök segítségével

És ami a legfontosabb: megtanultad, hogy a biztonság nem célállomás – hanem gyakorlat. Időről időre felül kell vizsgálnod a beállításaidat, újra kell gondolnod az eszközeidet, és folyamatosan tanulnod kell, ahogy a technológia fejlődik. Ami ma biztonságos, holnap már nem biztos, hogy az lesz. De a megfelelő gondolkodásmóddal képes leszel alkalmazkodni és fejlődni.

A Cyber Shield Academy sorozat azért jött létre, hogy ebben segítsen – hogy valódi digitális tudatosságot építs egy olyan korban, ahol a figyelemelterelés, manipuláció és rejtett megfigyelés mindennapos.

Köszönjük, hogy elkötelezted magad e tudás mellett. Ha hasznosnak találtad ezt a könyvet, oszd meg valakivel, aki fontos számodra. Egy baráttal. Egy szülővel. Egy tinédzserrel. Egy kollégával. A digitális biztonság mindenkit érint – és a tudatosság terjesztésével nemcsak magadat véded, hanem mások számára is biztonságosabb világot építesz.

Maradj éber. Őrizd meg a magánéleted. És ne feledd: az erő a zsebedben van – de a kockázat is. Védd meg mindkettőt.

www.ingramcontent.com/pod-product-compliance
Lightning Source LLC
LaVergne TN
LVHW022029200926
848481LV00007B/2606
9798295820977